集中力が高ま

アインシュタイン式

新装版

子どもの論理脳ドリル

アインシュタイン研究会／編

実業之日本社

はじめに 〜"集中する力"を身につける〜
Albert Einstein

【根気強く問題と向き合う習慣を大切に】

「わたしは頭がいいわけではない。ただ他人より長い時間、問題と向き合うようにしているだけである」―アルベルト・アインシュタイン

問題を見た瞬間にパッと答えを出してしまう。そういう素晴らしい能力を持ったお子さんもいるようです。この力は大人になるまで大切に育てていきたいものですが、問題が複雑になってくると瞬時に答えを出すことはむずかしくなってきます。大人になって今までにない新しいものを発明するということになれば、きっかけはひらめきであっても、それを実用化するまでには長い時間をかけての研究や開発が必要になります。つまりアインシュタイン博士が語る「長い時間、問題と向き合う」という才能は、一瞬で答えがわかってしまう能力と同じくらい大切なものと言えるのです。

「美人にキスをしながら安全運転できる人間は、キスに十分集中していない」―アルベルト・アインシュタイン

お子さんが見る本として適当な比喩かどうかはわかりませんが、この言葉は集中することの大切さを表現したものと解釈されています。勉強やスポーツの練習などを長時間やっていても、それに集中していなければいい結果はなかなか得られないからです。

では、長時間集中する能力を磨くにはどうすればいいのでしょう。好きなこと、楽しいことをやっているときのお子さんは信じられないくらい長い時間、集中します。そのときお子さんは、長時間集中する能力を鍛えているのです。その行為がよほど身体に悪いことでないかぎり、周囲の人はそれを止めないほうがいいでしょう。

本書でも、後半になると少し考えなければならない問題が出てくるはずです。そのとき、お子さんがなかなかできなかったとしても、一生懸命考えていたら温かく見守ってあげてください。この本がきっかけとなって、お子さんの長い時間集中する能力が育まれれば幸いです。

※本書は小学1年生〜6年生向けですが、親子で取り組めば5歳から楽しめます。

Index もくじ

【本書の遊び方】

下記のようにして、答えを導き出します。

問題 0 | メロンを好きなのはどこの国の人？

チェック ヒント

- □ ① スイス人はバナナ好き
- □ ② ピンクの家は緑の左どなり
- □ ③ 日本人は真ん中
- □ ④ マンゴー好きはバナナ好きのとなり
- □ ⑤ イギリス人は紫の家
- □ ⑥ 緑の家は端

0	左	真ん中	右
国籍			
好きなフルーツ			
家の色			

まず、ヒント③より日本人を真ん中の枠に入れます（枠の中には色字の部分のみ入れます）。

1	左	真ん中	右
国籍		日本	
好きなフルーツ			
家の色			

次は、ヒント⑥とヒント②を連動させて考えます。ヒント⑥より緑の家は右端か左端に入ることがわかります。ヒント②より緑の家の左どなりにピンクの家があることがわかります。緑の家が左端にあると、ピンクの家が入りません。そこで、緑の家を右端に、ピンクの家を真ん中に入れます。

2	左	真ん中	右
国籍		日本	
好きなフルーツ			
家の色		ピンク	緑

次は、ヒント⑤を使います。紫の家が入る枠は左端しかありません。そこで左端に紫の家とイギリス人を入れます。

3	左	真ん中	右
国籍	イギリス	日本	
好きなフルーツ			
家の色	紫	ピンク	緑

次は、ヒント①を使います。スイス人が入る枠は右端しかありません。そこで右端にスイス人とバナナを入れます。

4	左	真ん中	右
国籍	イギリス	日本	スイス
好きなフルーツ			バナナ
家の色	紫	ピンク	緑

次は、ヒント④を使います。バナナのとなりは真ん中の枠になります。そこで真ん中にマンゴーを入れます。

5	左	真ん中	右
国籍	イギリス	日本	スイス
好きなフルーツ		マンゴー	バナナ
家の色	紫	ピンク	緑

最後は、問題文に注目します。メロンが入る枠は左端しかありません。そこで左端にメロンを入れます。

6	左	真ん中	右
国籍	イギリス	日本	スイス
好きなフルーツ	メロン	マンゴー	バナナ
家の色	紫	ピンク	緑

以上の結果から、答えは【イギリス】ということになります。

【本書の注意点】

本書の問題を解くにあたり、下記の注意点を読んでください。

★ 枠の中に入るワードはすべて異なります。1つの問題で、同じワードが別の枠(2つ以上の枠)の中に入ることはありません。

★ ヒントの中の色字で書かれているワードは、必ず表のいずれかの枠の中に入ります。

★ ヒントを使う順番は、ヒントの番号とは異なります。また、ヒントの使い方によっては、使用しないヒントがあるかもしれません。

★ ヒントを使ったあと、ヒントの番号の左横にあるチェック欄(□)にチェックを入れると、使ったヒント、まだ使っていないヒントを区別できます。

★ レベル5(算数1)とレベル10(算数2)では、問題を解く中で計算を必要とします。その計算によって出した【値段】の高いものほど、より枠の左側に入る設定になっています。

理科 1
りか
Level
レベル
1

問題 1 緑の靴の人はだれ？

チェック　ヒント

- □ ① しゅんくんは左にいる
- □ ② パンダを好きな人は真ん中
- □ ③ ライオンを好きなのはやまとくん
- □ ④ たいがくんは黒の靴
- □ ⑤ キリンを好きな人は青の靴

まずはヒント①と②を使うんじゃ。次にヒント③を使うんじゃが、ここはよ〜く考えるんじゃぞ。

1	左(ひだり)	真ん中(ま なか)	右(みぎ)
名前(な まえ)			
好きな動物(す どうぶつ)			
靴の色(くつ いろ)			

答(こた)え _____

メモ 問題(もんだい)を解(と)くときに使(つか)ってね

問題 2 赤のリボンの人はだれ？

チェック ヒント

□ ① まおちゃんは右にいる

□ ② バッタを好きな人はまおちゃんのとなり

□ ③ セミを好きな人は白のリボン

□ ④ ららちゃんは紫のリボン

□ ⑤ トンボを好きなのはくるみちゃん

アドバイス

ヒント①、②を使ったあとは、ヒント⑤を使うようじゃな。じっくり考えればできるはずじゃ!!

2	左 ひだり	真ん中 ま なか	右 みぎ
名前 な まえ			
好きな虫 す むし			
リボンの色 いろ			

答え
こた

メ モ 問題を解くときに使ってね
もんだい と つか

問題 **3** 身長が120cmの人はだれ？

チェック　ヒント

☐ ① つばさくんは真ん中ではない

☐ ② ももを好きなのはつばさくん

☐ ③ さくらを好きな人は110cm

☐ ④ だいきくんは左にいる

☐ ⑤ うめを好きなのはこうがくん

☐ ⑥ 130cmの人は110cmの人のとなり

アドバイス

まずはヒント④を使うんじゃが、次にどのヒントを使えばいいのか……。ここはヒント①がいいようじゃぞ。

3	左 （ひだり）	真ん中 （まなか）	右 （みぎ）
名前 （なまえ）			
好きな花 （すきなはな）			
身長 （しんちょう）			

答え（こた）

メモ 問題を解くときに使ってね（もんだいをとくときにつかってね）

みんなのお友達の中には身長の高い子もいれば足の速い子もいることじゃろう。
それがひとりひとりの特徴というもので、だれもが長所（よいところ）と短所
（よくないところ）を持っているものなんじゃ。みんなが同じ顔で、同じ身長で、同じ性格じゃったら
おもしろくないからのう。いろいろな生物も同じで、大きなものもいれば、速く泳げるものもいるん
じゃ。ここではそれを問題とするから、みんな考えてみてくれい。

問題①【花】

1つの花として世界で一番大きな花は、ラフレシアという植物の花なんじゃ。
ラフレシアの花は、咲いてから枯れてしまうまで3日間と短いため、
なかなか見ることはむずかしいんじゃぞ。
では、ここで問題じゃ。ラフレシアの花の直径は次のうちどれかな？

A．30cm　B．60cm　C．90cm

問題②【魚】

みんなは泳ぐのが得意かな？
泳ぐのが得意な生物といったら、やはり魚じゃろうな。
その魚の中で一番速く泳げるのが、バショウカジキという魚なんじゃ。
では問題じゃぞ。バショウカジキの速さは次のうちどれかわかるかな？

A．時速10km　B．時速110km　C．時速210km

問題③【ほ乳類】

クジラを魚と思っている人は少なくないようじゃが、実はクジラは魚ではなく、
人間と同じほ乳類なんじゃ。そして、クジラはゾウよりずっと大きいんじゃ。
つまり、世界一大きなほ乳類はゾウではなく、クジラということになるんじゃよ。
では問題じゃ。クジラの中でも一番大きなシロナガスクジラの大きさは次のうちどれかな？

A．約34m　B．約134m　C．約340m

問題④【鳥】

わしは空を飛ぶ夢をよく見るんじゃが、みんなはどうかな？
いつも飛んでいる鳥なんじゃが、水平に飛ぶのが一番速いのはツバメで、
時速170kmで飛んだという記録があるらしいぞい。
ところがハヤブサが急降下するときのスピードはツバメ以上というから驚きじゃわい。
では、問題じゃぞ。ハヤブサが急降下するときのスピードは次のうちどれかわかるかな？

A．時速180km　B．時速280km　C．時速380km

解答は 124 ページへ

社会 1
しゃかい

Level
レベル**2**

問題 4　100点の人はだれ？

チェック　ヒント

- [ ] ① 🔥（消防署）を好きな人は90点の人の右どなり
- [ ] ② ゆりやちゃんはともみちゃんの2つ左
- [ ] ③ しずかちゃんは📖（図書館）を好きな人の左どなり
- [ ] ④ 80点の人は❌（交番）を好きな人の右どなり

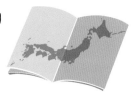

$$100_点$$
$$80_点 \quad 90_点$$

アドバイス

おお、まずはヒント②を使うようじゃぞ。
そのあとはヒント③と①をよ～く考えて
みてくれい!!

4	左 <small>ひだり</small>	真ん中 <small>ま　なか</small>	右 <small>みぎ</small>
名前 <small>な まえ</small>			
好きな地図記号 <small>す　ちず きごう</small> Y			
テストの点数 <small>てんすう</small>			

答え
<small>こた</small>

メ モ　問題を解くときに使ってね
<small>もんだい　と　　　　　　つか</small>

問題 5 パグを飼っている人はだれ？

チェック ヒント

□ ① かいとくんは沖縄県に住んでいる人の2つ右

□ ② 東京都に住んでいるのはりきやくん

□ ③ しょうくんはチワワを飼っている人のとなり

□ ④ シーズーを飼っている人は鹿児島県に住んでいる

アドバイス

ん？　使えるヒントがないぞ……。と思ったら、よく考えればヒント①が使えそうじゃな。

5	左	真ん中	右
名前			
住んでいる所			
飼っている犬			

答え

メモ 問題を解くときに使ってね

問題 **6** ∨(畑)を好きな人はだれ？

チェック｜ヒント

☐ ① るいちゃんはみれいちゃんの左どなり

☐ ② まきちゃんはみれいちゃんの右どなり

☐ ③ みれいちゃんは3組

☐ ④ ⚓(漁港)を好きな人は1組

☐ ⑤ ∨(畑)を好きな人は♨(温泉)を好きな人の左どなり

☐ ⑥ るいちゃんは2組

3くみ

アドバイス

だんだんむずかしくなってきたのう。はじめはヒント①と②をいっしょに考えるようじゃぞ。

6	左	真ん中	右
名前			
好きな地図記号			
クラス 1-3			

答え _____

メモ 問題を解くときに使ってね

真ん中はどこ?

おお、これらは日本地図の一部じゃな。日本には47の都道府県があるんじゃ。
都道府県の都は東京都、道は北海道のことなんじゃ。
府は大阪府と京都府の2つ、県は43、合わせると47になるんじゃよ。

おや!? どの地図も真ん中の県の名前が消えてしまっているぞい。
正しい県を候補地(囲みの中)から見つけて○をつけてくれい。

問題①

この県の県庁所在地は宇都宮市じゃ。
日光東照宮が有名じゃな。
日光の社寺は世界文化遺産に認定されているぞい。

候補地　北海道、宮城、栃木、千葉、東京

問題②

県庁所在地は県の名前と同じじゃ。
県の名前は織田信長がつけたとも言われているぞい。
白川郷の合掌造りが世界遺産に認定されているぞい。

候補地　山形、福井、静岡、岐阜、沖縄

問題③

京都(きょうと)
大阪　三重
和歌山

この県の県庁所在地は県の名前と同じじゃ。
お寺と鹿が多いことで有名じゃぞ。
世界遺産は日本で一番多い県なんじゃ。

候補地　秋田、愛知、奈良、兵庫、岡山

問題④

福岡　大分
長崎
宮崎
鹿児島(かごしま)

県庁所在地は県の名前と同じじゃ。
有明海、東シナ海、不知火海の3つの海に面しているぞい。
阿蘇山や天草諸島が有名じゃな。

候補地　愛媛、山口、佐賀、長崎、熊本

解答は124ページへ

たい いく

体育
Level
レベル 3

問題 7 とび箱を好きな人はだれ？

チェック ヒント

□ ① さとしくんはたくみくんの右どなり

□ ② れいくんは緑の服の人の左どなり

□ ③ 縄跳びを好きな人は白の服

□ ④ さとしくんは赤の服

□ ⑤ とび箱を好きな人は鉄棒を好きな人の左どなり

アドバイス

これも最初がむずかしいのう。まずはヒント①と②をいっしょに考えてみてはどうじゃろう？

7	ひだり 左	ま なか 真ん中	みぎ 右
なまえ 名前			
す たいそうきょうぎ 好きな体操競技			
ふく いろ 服の色			

こた
答 え

＿＿＿＿＿＿＿＿＿＿＿＿＿＿＿＿＿＿

メ モ もんだい と つか
問題を解くときに使ってね

体育

問題 8 弓道をやりたい人はだれ？

チェック ヒント

☐ ① まぐろを好きな人ははなちゃんの左どなり

☐ ② えびを好きな人ははなちゃんの右どなり

☐ ③ いくらを好きな人はれおなちゃんの左どなり

☐ ④ 柔道をやりたい人は剣道をやりたい人のとなり

☐ ⑤ ゆまちゃんは柔道をやりたい

アドバイス

はなちゃんがヒント①と②に出てくるの
う。こういうときは、この 2 つのヒントを
使うといいかもしれんぞ。

8	左 （ひだり）	真ん中 （まなか）	右 （みぎ）
名前 （なまえ）			
好きなお寿司 （すきなおすし）			
やりたい武道 （やりたいぶどう）			

答え（こたえ）＿＿＿＿＿＿＿＿＿＿＿＿＿＿＿＿＿

メモ　問題を解くときに使ってね（もんだいをとくときにつかってね）

問題 9 22cmの靴の人はだれ？

チェック　ヒント

- ① けんじくんともとおくんは真ん中ではない
- ② 平泳ぎを好きな人はもとおくんの左どなり
- ③ 20cmの靴の人は24cmの靴の人の右どなり
- ④ 背泳ぎを好きな人はかおるくんの右どなり
- ⑤ 犬かきを好きな人は24cmの靴の人のとなり

アドバイス

ここでは、もとおくんがヒント①と②に
登場しておるのう。ということは……？
もうわかったじゃろ!!

⑨	左 ひだり	真ん中 ま なか	右 みぎ
名前 な まえ			
好きな泳ぎ方 す およ かた			
靴のサイズ くつ			

答え
こた

メモ　問題を解くときに使ってね
もんだい と つか

みんなはどんなスポーツが得意かの？

わしの友達にブラジル人のプロサッカー選手がおるんじゃが、

彼のテクニックのすごさにはいつも驚かされてるんじゃよ。

そのテクニックの中の１つを教えてもらったので、みんなにも紹介しよう。

ボールが上に上がったあと、下に向かって進むことからブラジルでは『エレベーターシュート』と

呼ばれているテクニックじゃ。日本ではドライブシュートということが多いようじゃがな。

では、そのエレベーターシュートの練習方法とコツを伝授しよう。

【練習方法】

①まず手でボールを
放り上げるんじゃ。

②一度地面にボールを落とすんじゃ。このとき、落
ちたボールを蹴るために足を後ろに振ってくれい。

③足の甲をボールに
あてるぞい。

④足を振って
ボールを飛ばすんじゃ。

【コツ】

どんなキックのときも身体の力を抜いてリラックスすることが大切なんじゃ。

②～④の間、ボールを蹴る足のヒザはほぼ直角に曲げたままがいいようじゃぞ。

③では、足首の力を抜いてブラブラにし、ボールが足の甲の上を転がるようにするんじゃ。

これは、わしの友達のやり方じゃ。もしかしたら、もっといい蹴り方があるかもしれないぞ。

工夫しながら何度も練習して自分のスタイルを見つけてくれい。

図工
ず こう

Level
レベル 4

問題 10　HBの鉛筆を好きな人はだれ？

チェック　ヒント

☐ ① めぐちゃんの両どなりはさとみちゃんとゆきちゃん

☐ ② あいちゃんは右端にいる

☐ ③ Fの鉛筆を好きな人は秋の山を描きたい人の右どなり

☐ ④ 夏の海を描きたい人は左端にいる

☐ ⑤ 4Bの鉛筆を好きな人は春の川原を描きたい

☐ ⑥ 冬の公園を描きたいのはゆきちゃん

☐ ⑦ HBの鉛筆を好きな人は2Bの鉛筆を好きな人より右

ヒント②と④を使ったあとでヒント①を使うんじゃが、ヒント⑥もいっしょに考えるといいぞい。

10	左 _{ひだり}	－	－	右 _{みぎ}
名前 _{な まえ}				
好きな鉛筆 _{す えんぴつ}				
描きたい風景 _{えが ふうけい}				

答え
_{こた}

メモ 問題を解くときに使ってね
_{もんだい と つか}

図工

問題 **11** みつおくんの作った粘土細工は？

□ ① だんごを好きな人はウサギを作った人の3つ左

□ ② おはぎを好きな人はカバを作った人の左どなり

□ ③ かしわもちを好きな人はゾウを作った人のとなり

□ ④ みつおくんはかずゆきくんの右どなり

□ ⑤ よしとくんはイヌを作った

□ ⑥ まんじゅうを好きなのははるおくん

ヒント①はよく考えるとわかるはずじゃ
ぞ。その次に使うヒント②と③もじっくり
考えてみてくれい。

034

11	左 ひだり	－	－	右 みぎ
名前 なまえ				
好きな和菓子 す わ が し				
ねんど 作った つく 粘土細工 ねん ど ざい く				

答え こた _____

メモ 問題を解くときに使ってね もんだい と つか

問題 12 わかなちゃんの好きな絵の具の色は？

チェック ヒント

☐ ① 青の絵の具を好きな人は黄の絵の具を好きな人の左どなり

☐ ② 友達を描きたい人は右から2番目にいる

☐ ③ さやかちゃんはゆりちゃんの左どなり

☐ ④ お母さんを描きたい人は左から2番目にいる

☐ ⑤ 緑の絵の具を好きなのはみくちゃん

☐ ⑥ 兄弟を描きたい人はわかなちゃんの右どなり

☐ ⑦ 白の絵の具を好きな人は赤ちゃんを描きたい

アドバイス

赤ちゃんは、右ページ表の『名前』ではなく、『描きたい人物』のいずれかの枠に入れるんじゃぞ。

12	左 ひだり	－	－	右 みぎ
名前 な まえ				
好きな 絵の具の色 え ぐ いろ				
描きたい人物 えが じんぶつ				

答 え
こた

メ モ 問題を解くときに使ってね
もんだい と つか

イラスト

みんなは絵を描くことは好きかな？

わしはあまりうまくないんじゃが、描くことは楽しいから好きなんじゃ。

そして、絵も勉強やスポーツと同じで、何回もやっているうちにだんだん上手になってくるんじゃ。

ここに、わし（アイン博士）、まなちゃん、ひろとくんのイラストがあるじゃろ。

まずはこれを、ゆっくりなぞってみてくれい。

うまくできたら、次はこのイラストを見ながら、何かほかの紙にイラストを描いてみるんじゃ。

それもうまくいったら、次は何も見ないでイラストを描いてみてくれい。

  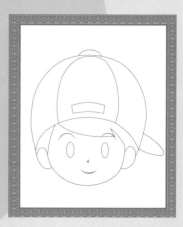

どうじゃな。うまいかどうかは別として、楽しければそれでOKじゃぞ。

では、次も同じようにして、ゆいちゃん、たくやくんを描いてみてくれい。

問題 13 さとしくんの買った文房具の値段は？

チェック ヒント

- ☐ ① 分度器は150円
- ☐ ② 鉛筆削りは定規より100円安い
- ☐ ③ くらのすけくんは右から2番目にいる
- ☐ ④ 手帳は300円
- ☐ ⑤ ゆうとくんはまるおくんの右どなり
- ☐ ⑥ 定規は分度器より50円高い

アドバイス

ここから3問は、値段の高い品物を安い品物より左側に書き入れる問題じゃ。メモをうまく活用してくれい!!

13	高い たか 左 ひだり	－	－	安い やす 右 みぎ
名前 なまえ				
買った文房具 か ぶんぼうぐ				
文房具の値段 ぶんぼうぐ ねだん				

答え こた

メモ　問題を解くときに使ってね もんだい と つか

問題 14 かりなちゃんの買った食器は？

チェック ヒント

□① あすかちゃんの両どなりはすみれちゃんといりあちゃん

□② ナイフは500円

□③ すみれちゃんはナイフを買った

□④ フォークはナイフより300円安い

□⑤ スプーンはグラスより700円安い

□⑥ グラスはフォークより800円高い

アドバイス

まずはすべての食器の値段を出すんじゃ。そして、高いものを左側から順に書き入れてくれい!!

14	高い 左	－	－	安い 右
名前				
買った食器				
食器の値段				

答え

メモ 問題を解くときに使ってね

問題 15 ひろしくんの買った野球用品は？

チェック　ヒント

☐ ① わたるくんはじろうくんの2つ右

☐ ② バットは6000円

☐ ③ こうたくんはミットを買った

☐ ④ ユニフォームはバットの1/2の値段

☐ ⑤ ミットはスパイクの2倍の値段

☐ ⑥ スパイクはユニフォームより1000円高い

アドバイス

おぉ、今度は2倍とか1/2の計算があるようじゃのう。2倍は【×2】、1/2は【÷2】をすればいいんじゃよ。

15	高い ひだり 左	ー	ー	安い やす みぎ 右
名前 なまえ				
欲しい ほ 野球用品 やきゅうようひん				
野球用品の やきゅうようひん 値段 ね だん 				

答え　こた

メモ　問題を解くときに使ってね　もんだい　と　つか

虫食い算

先週、公園に散歩に行ったら、大きな葉っぱが何枚も落ちていたんじゃ。
ちょうどノートを使い切って困っていたところじゃったので
その葉っぱに計算式を書いておいたんじゃ。
ところが、その葉っぱがおいしいらしく、虫に所々食べられてしまったんじゃ。
すまんが、虫に食べられたところの数字がなんだったのか、教えてくれんかの。

これは少ししか食べられていない
から簡単そうじゃな！

A ※ ＋ 2 ＝ 5

B 6 － ※ ＝ 2

ん!? これは嫌な所を食べられて
しまったようじゃな。落ち着いて
考えてみてくれい。

C 9 ＋ ※ ＋ 2 ＝ 2 2

D 8 － ※ ＋ 5 ＝ 8

こりゃ大変じゃ！ たくさん食べれてしまったのう。すまんが、ちょっと頑張ってくれい!!

E
```
    1 ※ 4
  ＋   6 ※
  ＝ 2 4 2
```

F
```
    2 9 ※
  －   ※ 4
  ＝ ※ 5 9
```

G
```
    3 ※ ※ 4
  ＋   9 9 ※
  ＝ ※ 9 3 0
```

H
```
    ※ 8 ※ 1
  － 3 ※ 2 ※
  ＝ 1 9 9 8
```

I
```
    1 1 1 1 ※
  ＋ 2 2 2 ※ 2
  ＋ 3 3 ※ 3 3
  ＋ 4 ※ 4 4 4
  ＋ ※ 5 5 5 5
  ＝ ※ 0 9 8 7 6
```

解答は 124 ページへ

理科2 Level レベル6

問題 16 プリンを食べた人はだれ？

☐ ① めいちゃんはケーキを食べた人のとなり

☐ ② 火星を好きなのはまおみちゃん

☐ ③ 土星を好きな人は右から2番目

☐ ④ 金星を好きな人はエクレアを食べた

☐ ⑤ 木星を好きな人はゆうこちゃんの2つ右

☐ ⑥ ババロアを食べた人はけいちゃんの右どなり

アドバイス

はじめにヒント③を使うのは簡単にわかるんじゃが、その次がむずかしいのう。どうやら、ヒント⑤が使えるようじゃぞ。

16	左(ひだり)	ー	ー	右(みぎ)
名前(なまえ)				
好きな星(すきなほし)				
食べたおやつ(たべたおやつ)				

答(こた)え _____

メ モ 問題(もんだい)を解(と)くときに使(つか)ってね

問題 18 快晴を好きな人はだれ？

- ① リンゴを食べたのはかよちゃん
- ② ブドウを食べた人は右端にいる
- ③ 雪を好きな人は薄曇りを好きな人の2つ左
- ④ メロンを食べた人はなおみちゃんの3つとなり
- ⑤ バナナを食べた人はもなちゃんの2つとなり
- ⑥ 霧を好きな人はやよいちゃんの2つとなり

わしは、研究室にいるときは小雨が好きなんじゃが、みんなはどんな天気が好きかのう？

18	左 ひだり	ー	ー	右 みぎ
名前 なまえ				
好きな天気 す てん き				
食べた た フルーツ				

答え こた

メモ 問題を解くときに使ってね もんだい と つか

錯覚

みんなは「錯覚」という言葉を知っているかな？
本当はそこには何もないのに何かが見えてしまったり、
遠くにあるのに近くに見えてしまったり、実際とは違うように見えてしまうことを錯覚というんじゃ。
周囲が暗くて「怖いな～」と思っていると、木が人に見えてしまうのも錯覚のひとつなんじゃよ。
ここでは錯覚が起きるイラストを４つ紹介するぞい。本当はどうなのかは、定規で調べてみてくれい。

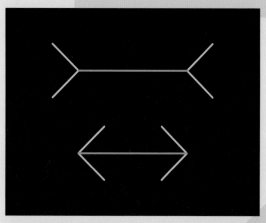

緑色の横線が２本あるじゃろ。みんなの目には
どちらが長く見えるかな？　わしには上の線が
長く見えるんじゃが……。

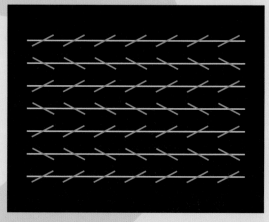

黄色の横線が７本並んでいるじゃろ。わしには
それぞれの線が斜めになっているように見える
ぞい。でも実際は……。

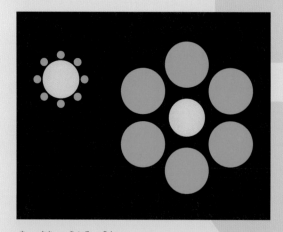

真ん中に黄色の円が２つあるんじゃが、どちら
の円が大きく見えるかな？　こりゃどう見ても
左の円のほうが大きく見えるんじゃがな。

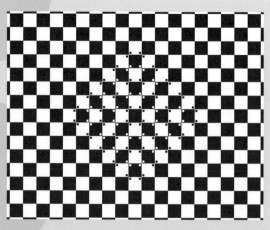

真ん中あたりが盛り上がって見えるんじゃが、
みんなの目にはどう見えておるかの？　これも
定規をあてて確認してくれい!!

こく ご

国語 1
Level
レベル7

もんだい
問題 **19** 『遊』を好きな人はだれ？

チェック ヒント

☐ ① 『福』を好きな人はミニバンに乗りたい

☐ ② 『学』を好きな人は左から2番目

☐ ③ 『友』を好きな人はいちろうくんのとなり

☐ ④ タクシーに乗りたい人はバスに乗りたい人の左どなり

☐ ⑤ トラックに乗りたい人は真ん中にいる

☐ ⑥ らいとくんはけんたくんより右

☐ ⑦ らいとくんはなおゆきくんより左

☐ ⑧ 『絆』を好きな人は『遊』を好きな人の3つ右

☐ ⑨ みきおくんはパトカーに乗りたい

アドバイス

なんと、表が5列もあるぞい!!　でも、わかるところから考えていけば必ずできるはずじゃよ。

19	左 ひだり	ー	真ん中 ま なか	ー	右 みぎ
名前 な まえ					
好きな漢字 す かん じ					
乗りたい車 の くるま					

答え
こた

メモ 問題を解くときに使ってね
もんだい と つか

問題 20 かおりちゃんの財布の色は？

チェック　ヒント

- ① 『蛙』を好きな人はシルバーの財布
- ② かおりちゃんは右から2番目
- ③ 『稲』を好きな人は『飾』を好きな人の左どなり
- ④ りかちゃんはブラックの財布の人の左どなり
- ⑤ 『霜』を好きな人はかおりちゃんの2つとなり
- ⑥ まいちゃんはイエローの財布
- ⑦ よしえちゃんはるみちゃんの左どなり
- ⑧ 『祭』を好きなのはるみちゃん
- ⑨ ゴールドの財布の人はグリーンの財布の人より左

ヒント⑦と⑧はいっしょに考えるんじゃぞ。
ちなみに『飾』とは、新年の季語なんじゃ。

アドバイス

20	左 ひだり	ー	真ん中 ま なか	ー	右 みぎ
名前 な まえ					
好きな季語 す き ご					
財布の色 さい ふ いろ					

答え こた

メ モ 問題を解くときに使ってね もんだい と つか

問題 21 ビデオを欲しい人はだれ？

チェック　ヒント

☐ ① ようじくんは端にいる

☐ ② あきおくんは『温故知新』を好きな人の 2 つ右

☐ ③ 『大願成就』を好きな人は右端にいる

☐ ④ 『以心伝心』を好きな人はエアコンを欲しい

☐ ⑤ ラジオを欲しい人はドライヤーを欲しい人の左どなり

☐ ⑥ さぶろうくんは『花鳥風月』を好きな人の 4 つとなり

☐ ⑦ テレビを欲しい人ははるひこくんの左どなり

☐ ⑧ のぶながくんは『不言実行』を好き

アドバイス

ここではヒント⑥をいつ使うかがポイントになりそうじゃの。意外と早い段階で使うことも考えられるぞい。

21	左 (ひだり)	―	真ん中 (まなか)	―	右 (みぎ)
名前 (なまえ)					
好きな (す) 四字熟語 (よじじゅくご)					
欲しい家電 (ほ) (かでん)					

答 (こた) え

メモ 問題 (もんだい) を解 (と) くときに使 (つか) ってね

おもしろ漢字

みんなは動物の名前の漢字をいくつくらい知っているかな？
勉強好きなみんななら、『犬』、『猫』、『馬』、『虎』などは
簡単に読めてしまうじゃろうな。
では、次の漢字はなんと読むかわかるかな？
上の段にある漢字の読み方を下の段から見つけて、線で結んでくれい!!

問題①

海豚	海豹	海馬	土竜	河馬	海象
・	・	・	・	・	・
・	・	・	・	・	・
かば	いるか	あざらし	せいうち	もぐら	とど

次は人の名字の漢字じゃ。
世の中にはいろいろな名字の人がいるんじゃな。
これはむずかしいので、勘を頼りにやってみてくれい。
問題①と同じように、上の段にある漢字の読み方を下の段から見つけて、線で結ぶんじゃぞ。
みんなは何人の名前を当てることができるかな？

問題②

四月一日	小鳥遊	栗花落	九	十	春夏秋冬	月見里
・	・	・	・	・	・	・
・	・	・	・	・	・	・
つゆり	わたぬき	つなし	たかなし	やまなし	いちじく	ひととせ

解答は 125 ページへ

062

社会2

<ruby>社<rt>しゃ</rt></ruby><ruby>会<rt>かい</rt></ruby>2

Level

レベル

8

問題 **22** あつこちゃんの好きなカレーは？

□ ① ビーフカレーを好きな人は鎌倉時代に詳しい人の3つとなり

□ ② あつこちゃんはさくらちゃんの右どなり

□ ③ 弥生時代に詳しい人はなおちゃんの2つとなり

□ ④ ドライカレーを好きな人はポークカレーを好きな人より右

□ ⑤ かおるちゃんはあつこちゃんの3つ右

□ ⑥ スープカレーを好きな人は室町時代に詳しい人の3つ左

□ ⑦ 昭和時代に詳しい人はゆいちゃんの3つとなり

□ ⑧ チキンカレーを好きな人は縄文時代に詳しい

アドバイス

あつこちゃんが出てくるヒントに注目してくれい!! 1つではなく、いくつかあるので注意するんじゃぞ。

22	左	―	真ん中	―	右
名前					
好きなカレー					
詳しい時代					

答え _____

メモ　問題を解くときに使ってね

問題 **23** 豊臣秀吉に詳しい人はだれ？

チェック ヒント

☐ ① まもるくんは武田信玄に詳しい人の左どなり

☐ ② チャーシューを好きな人はコーンを好きな人の右どなり

☐ ③ メンマを好きなのはひさとくん

☐ ④ とおるくんは徳川家康に詳しい

☐ ⑤ 織田信長に詳しい人はだいちくんの右どなり

☐ ⑥ ノリを好きな人はへいじくんの２つ左

☐ ⑦ コーンを好きな人は伊達政宗に詳しい人のとなり

☐ ⑧ タマゴを好きな人はだいちくんの３つ左

アドバイス

う～む、どうやらこの問題では、だいち
くんがポイントになるようじゃな。よ～く
考えてみてくれい!!

23	左	－	真ん中	－	右
名前					
好きな ラーメンの具					
詳しい 戦国武将					

答え _____

メモ 問題を解くときに使ってね

問題 24 ブラジルに詳しい人はだれ？

チェック ヒント

- ☐ ① 豆腐を好きな人はさきちゃんのとなり
- ☐ ② ぼたんちゃんときこちゃんは端にいる
- ☐ ③ 春菊を好きな人はしらたきを好きな人の右どなり
- ☐ ④ カメルーンに詳しいのはあやちゃん
- ☐ ⑤ 牛肉を好きな人はぼたんちゃんの左どなり
- ☐ ⑥ ねぎを好きな人はフランスに詳しい
- ☐ ⑦ しらたきを好きなのはみきちゃん
- ☐ ⑧ メキシコに詳しい人はベトナムに詳しい人の左どなり

はじめはぼたんちゃんが、その次は『しらたきを好きな人』がポイントになりそうじゃぞ。

24	左（ひだり）	ー	真ん中（まなか）	ー	右（みぎ）
名前（なまえ）					
好きな（す）すきやきの具（ぐ）					
詳しい外国（くわ）（がいこく）					

答（こた）え _____

メ モ 　問題（もんだい）を解（と）くときに使（つか）ってね

どこの国旗?

みんなはスポーツの大会などで掲げられるのを見て知っている国旗もあるじゃろうな。ちなみに日本の国旗は「日の丸」と呼ばれておるが、法律上は「日章旗」というんじゃ。

さて問題じゃ。国旗にはいろいろなデザインがあるが、問題①にあるのは十字架の入った国旗じゃ。上の段にある国旗の国の名前を下の段から見つけて、線で結んでくれい。今回はすべてヨーロッパの国になっておるが、そのほかの地域は別の機会に紹介するぞい。

問題①

デンマーク	フィンランド	スウェーデン	スイス	ジョージア

問題② 次は横3分割の国旗じゃ。まぐれでもすべて当たった人は天才じゃな。

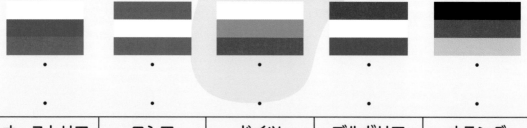

オーストリア	ロシア	ドイツ	ブルガリア	オランダ

問題③ 最後は縦3分割の国旗じゃ。全部わかるかな?

アイルランド	イタリア	フランス	ベルギー	ルーマニア

070

解答は 125 ページへ

問題 **25** らんまるくんの家の色は？

チェック **ヒント**

☐ ① ふゆとくんは緑の家

☐ ② れおくんはじゃがいもを食べた人の左どなり

☐ ③ ドラムを好きな人は左端にいる

☐ ④ ベースを好きな人ははんぺんを食べた

☐ ⑤ ハープを好きな人はらんまるくんのとなり

☐ ⑥ 黄の家の人は青の家の人より右

☐ ⑦ こんにゃくを食べた人は右から2番目

☐ ⑧ ピッコロを好きな人はまさきくんの左どなり

☐ ⑨ ちくわを食べた人は赤の家

☐ ⑩ エレクトーンを好きな人はだいこんを食べた人の2つ左

☐ ⑪ くるすくんは白の家の人のとなり

アドバイス

ここまで来たみんななら、この問題も簡単じゃろうな。ただし、ヒント⑩を使うときは少し注意が必要じゃぞ!!

25	左	―	真ん中	―	右
名前					
好きな楽器					
食べたおでん					
家の色					

答え

メモ 問題を解くときに使ってね

問題 26 まりこちゃんの好きな音楽記号は？

チェック　ヒント

☐ ① ♭（フラット）を好きなのはじゅりなちゃん

☐ ② ƒ（フォルテ）を好きな人はりすを飼いたい

☐ ③ ゆみかちゃんはまりこちゃんより右

☐ ④ うさぎを飼いたい人はブルーの帽子の人の左どなり

☐ ⑤ ねこを飼いたい人はレッドの帽子

☐ ⑥ ♯（シャープ）を好きな人はピンクの帽子

☐ ⑦ オレンジの帽子の人はブルーの帽子の人の2つ右

☐ ⑧ きくえちゃんはいぬを飼いたい人の右どなり

☐ ⑨ かめを飼いたい人はオレンジの帽子の人の右どなり

☐ ⑩ ♮（ナチュラル）を好きな人はホワイトの帽子の人の左どなり

☐ ⑪ 𝑝（ピアノ）を好きな人はみさきちゃんのとなり

アドバイス

はじめはブルーの帽子とオレンジの帽子が出てくるヒントを使ってくれい。1つだけではないぞ。

26	左 ひだり	－	真ん中 ま なか	－	右 みぎ
名前 な まえ					
好きな す 音楽記号 おんがく き ごう					
飼いたい か ペット					
帽子の色 ぼう し いろ					

答え
こた

メモ 問題を解くときに使ってね
もんだい と つか

問題 27　こうじくんの尊敬する音楽家は？
もんだい　　　　　　　　　　そんけい　　おんがくか

チェック　ヒント

☐ ① じょうじくんは天丼を食べる
てんどん　た

☐ ② ドボルザークを尊敬する人は真ん中にいる
そんけい　ひと　ま　なか

☐ ③ 鼓を好きな人はドビュッシーを尊敬する人のとなり
つづみ　す　ひと　　　　　　　　　　そんけい　ひと

☐ ④ まさとくんはけんやくんの右どなり
みぎ

☐ ⑤ ビバルディを尊敬する人はウェーバーを尊敬する人の２つ右
そんけい　ひと　　　　　　　　　そんけい　ひと　　みぎ

☐ ⑥ 横笛を好きな人は鉄火丼を食べる
よこぶえ　す　ひと　てっかどん　た

☐ ⑦ 笙を好きな人はラベルを尊敬する人の左どなり
しょう　す　ひと　　　　そんけい　ひと　ひだり

☐ ⑧ けんやくんはうな丼を食べる
どん　た

☐ ⑨ こうじくんはりゅうくんより左
ひだり

☐ ⑩ 胡弓を好きな人は親子丼を食べる人の右どなり
こきゅう　す　ひと　おやこどん　た　ひと　みぎ

☐ ⑪ 琵琶を好きな人はかつ丼を食べる人の左どなり
びわ　す　ひと　　　どん　た　ひと　ひだり

アドバイス

途中でヒント⑩と⑪をいっしょに、そして
とちゅう
ヒント④と⑧をいっしょに考えるところが
かんが
出てくるぞい。
で

27	左	ー	真ん中	ー	右
名前					
好きな和楽器					
尊敬する音楽家					
よく食べる丼					

答え

メモ 問題を解くときに使ってね

自分を整理してみよう！

みんなここまでの問題を解いたことで、
物事を整理する能力がかなり身についたことじゃろうな。
整理する能力というのは、子供のときはもちろん、大人になってからもおおいに役立つんじゃ。
このあとの問題は少しむずかしくなるんじゃが、頑張って解いてみてくれい。

さて、このページはクイズではなく、みんなに自分自身のことを一度整理してもらおうかの。
自分のことを知っておくのは大切なことじゃからな。
いくつかの項目があるから、そこに自分のことをよ〜く考えて書きこんでくれい。

★生まれてから今日まで生きてきた中で一番楽しかったことは？

★自分の性格でよいところは？

★自分の性格で悪いところは？

★今、夢中になっているものは？

★10年後は何をしている（していたい）？

★20年後は何をしている（していたい）？

★結婚をするとしたら何歳でする？ 　　　　　　　歳

この本をとっておいて、5年後、10年後、20年後に見てみるのもいいかもしれんの。

算数 2
Level
レベル10

問題 **28** はつねちゃんの買った野菜は？

チェック **ヒント**

- ☐ ① かぼちゃはにんじんの1/2の値段
- ☐ ② ロケットを好きなのはえりかちゃん
- ☐ ③ ボートを好きな人はカヌーを好きな人の2つ左
- ☐ ④ りんかちゃんはそらちゃんの3つ右
- ☐ ⑤ なすは250円
- ☐ ⑥ ヘリコプターを好きな人は左から2番目
- ☐ ⑦ ロケットを好きな人はヨットを好きな人の右どなり
- ☐ ⑧ しいたけはなすの4倍の値段
- ☐ ⑨ にんじんはしいたけの1/5の値段
- ☐ ⑩ あんじゅちゃんははつねちゃんの右どなり
- ☐ ⑪ はくさいはかぼちゃの5倍の値段

アドバイス

ヒント③と⑦をいっしょに考えるところが あるぞい。『野菜の値段』の計算はなす からスタートするといいようじゃのう。

28	高い 左	―	真ん中	―	安い 右
名前					
好きな乗り物					
買った野菜					
野菜の値段					

答え

メモ　問題を解くときに使ってね

問題 29 おとめ座の人はだれ？

チェック　ヒント

- ① きよしくんはうお座の人の3つ左
- ② ファイルは300円
- ③ ノートはクリップの1/2の値段
- ④ むつとくんはクリップを買った
- ⑤ じゅんくんはいて座の人のとなり
- ⑥ コンパスはファイルの5倍の値段
- ⑦ まさはるくんはしし座の人の2つ左
- ⑧ クリップはファイルの4倍の値段
- ⑨ ボールペンはノートの1/3の値段
- ⑩ せいやくんはかに座の人の3つとなり

アドバイス

まずは『文房具の値段』を計算をするといいぞい。それができれば、あとはそうむずかしくないはずじゃ!!

29	高い 左	―	真ん中	―	安い 右
名前					
12星座					
買った文房具					
文房具の 値段					

答え

メモ　問題を解くときに使ってね

問題 30 ココアを好きな人はだれ？

チェック　ヒント

- ☐ ① さらちゃんはサッカーボールを買った
- ☐ ② くうちゃんはえりちゃんの2つ右
- ☐ ③ ソフトボールは600円
- ☐ ④ ゴルフボールはテニスボールの2倍の値段
- ☐ ⑤ スープを好きな人はサイダーを好きな人の2つ左
- ☐ ⑥ ラグビーボールはソフトボールの5倍の値段
- ☐ ⑦ のりかちゃんはテニスボールを買った
- ☐ ⑧ サッカーボールはゴルフボールの18倍の値段
- ☐ ⑨ テニスボールはラグビーボールの1/30の値段
- ☐ ⑩ コーラを好きなのはりおなちゃん
- ☐ ⑪ ココアを好きな人はジュースを好きな人より右

アドバイス

わしが最近はまっている飲み物はのりかちゃんが好きな飲み物といっしょなんじゃよ。

30	高い ひだり 左	ー	真ん中	ー	安い みぎ 右
名前					
好きな 飲み物					
買ったボール					
ボールの 値段					

こた
答え _____

メモ 問題を解くときに使ってね

全部でいくつ？

100個 ＝ 何個？

キャンディが1個、2個、3個……100個と、規則正しく1個ずつ増えながら並んでいるようじゃの。
すごい数じゃが、キャンディはいったい全部でいくつあるのかの？
といっても全部数えるのは大変じゃ。ちょっといい方法があるのでみんなに伝授しよう。

ここにキャンディが1個、2個、3個、4個と並んでいるじゃろ。

このキャンディを数えるとき、逆に4個、3個、2個、1個の順番で並んだキャンディを加えるんじゃ。
上と下を足すと全部5個になるじゃろ。

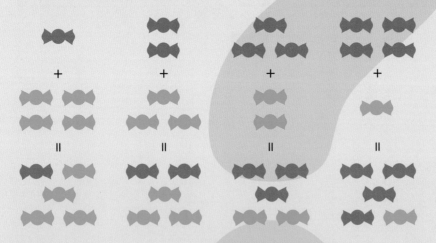

5個のキャンディが4つあるから、5個×4＝20個。
そして、これは元のキャンディの2倍の数になっているから、20個÷2＝10個となるんじゃ。
わかったかの？
この方法を使えば1個〜100個まで並んだキャンディの合計もわかるはずじゃ。
最後に「2」で割ることは忘れないようにな。
それができたら、1個〜1000個まで並んだキャンディの合計を出すことにも挑戦してみてくれい！

解答は 126 ページへ

国語 2
こくご
Level
レベル11

問題 31 アダムくんの読んだ日本文学は？

□ ① トムくんは『武蔵野』を読んだ

□ ② 扌（てへん）を好きな人は紺のしおり

□ ③ 『走れメロス』を読んだ人は右から2番目

□ ④ 『鼻』を読んだ人は『舞姫』を読んだ人の2つ右

□ ⑤ 言（ごんべん）を好きなのはフランクくん

□ ⑥ 白のしおりの人は真ん中にいる

□ ⑦ イ（にんべん）を好きな人は『雪国』を読んだ

□ ⑧ マイケルくんはアダムくんより左

□ ⑨ 氵（さんずい）を好きな人は左端にいる

□ ⑩ 紫のしおりの人は『舞姫』を読んだ

□ ⑪ 糸（いとへん）を好きな人はクリスくんの2つ右

□ ⑫ 緑のしおりの人は黄のしおりの人の右どなり

線

アドバイス

ここでのキーワードは『舞姫』じゃ。ちなみにこの作品は、森鴎外という文学者が書いた名作なんじゃよ。

31	左 (ひだり)	―	真ん中 (まなか)	―	右 (みぎ)
名前 (な まえ)					
好きな偏 (す) (へん) 話					
読んだ (よ) 日本文学 (に ほんぶんがく)					
しおりの色 (いろ)					

答え (こた)

_____

メモ 問題を解くときに使ってね (もんだい) (と) (つか)

問題 **32** リサちゃんの鞄の色は？

チェック ヒント

□ ① ナンシーちゃんはカレンちゃんの左どなり

□ ② 穴(あなかんむり)を好きな人は『たけくらべ』を読んだ人のとなり

□ ③ 山(やまかんむり)を好きな人はピンクの鞄の人の3つ左

□ ④ 『野菊の墓』を読んだ人はパープルの鞄の人の3つとなり

□ ⑤ 『細雪』を読んだ人はゴールドの鞄

□ ⑥ ゴールドの鞄の人とシルバーの鞄の人は端にいる

□ ⑦ 艹(くさかんむり)を好きな人は『浮雲』を読んだ人の左どなり

□ ⑧ 雨(あめかんむり)を好きな人はイエローの鞄の人の左どなり

□ ⑨ 宀(うかんむり)を好きなのはベティちゃん

□ ⑩ 『金色夜叉』を読んだのはマリアちゃん

アドバイス

最後は難問じゃな。ヒント⑥じゃが、どちらが右か左かをすぐに決めず、先に進むといいかもしれんの。

32	左 _{ひだり}	ー	真ん中 _{ま なか}	ー	右 _{みぎ}
名前 _{な まえ}					
好きな冠 _{す かんむり} 草					
読んだ _よ 日本文学 _{に ほんぶんがく}					
鞄の色 _{かばん いろ}					

答 え
_{こた}

メ モ　問題を解くときに使ってね
_{もんだい と つか}

七福神
しちふくじん

みんなは七福神という神様たちを知っておるかの？　お正月にもらう年賀状で
宝船に乗った七福神の姿を見たことがある人もいるんじゃないかのう。

七福神は、恵比寿、大黒天、布袋、福禄寿、毘沙門天、弁財天、寿老人の7人じゃ。

神様に関する説は地域によっていろいろあるようじゃが、
ここではそのうちの代表的なものを問題とするぞい。

最初の問題じゃ。この7人の中に日本の神様は1人しかいないんじゃが、だれだかわかるかな？
ちなみに3人はインドの神様、残りの3人は中国の神様と言われているんじゃ。

問題①

①恵比寿　②大黒天　③布袋　④福禄寿　⑤毘沙門天　⑥弁財天　⑦寿老人

問題②

次の問題じゃ。7人の中に女性の神様が1人おるんじゃが、それはだれかわかるかな？

①恵比寿　②大黒天　③布袋　④福禄寿　⑤毘沙門天　⑥弁財天　⑦寿老人

問題③

最後の問題じゃ。上の段の七福神の説明を下の段から見つけて、線で結んでくれい。

①恵比寿	②大黒天	③布袋	④福禄寿	⑤毘沙門天	⑥弁財天	⑦寿老人
・	・	・	・	・	・	・
・	・	・	・	・	・	・
水の神様、芸術の神様などの説がある	戦いの神様と言われている	食べ物、金銭の神様とされている	長寿の神様	古くは漁業の神様、後に農業、商業にも福をもたらす神様となった	長寿、財産、子宝の神様と言われている	中国に実在したお坊さん。予知能力があったとされている

解答は126ページへ

名探偵アインに挑戦

たったひとつの
真実を探そう!!

Albert Einstein

謎 0

Ⓐ

昨日、ひろとくん、たくやくん、まなちゃんといっしょに公園に行ったんじゃ。公園の駐車場には車が3台停まっていたんじゃが、3人はそれを覚えているかの？　3人に、どんな色の車がどんな並び方をしていたかを思い出してもらうことにするぞい。

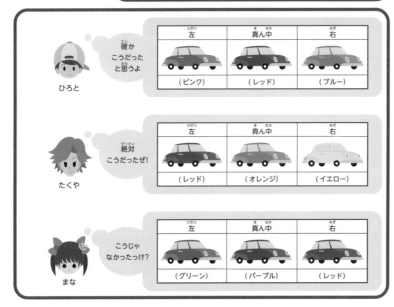

Ⓑ

ひろと　確かこうだったと思うよ

左	真ん中	右
（ピンク）	（レッド）	（ブルー）

たくや　絶対こうだったぜ！

左	真ん中	右
（レッド）	（オレンジ）	（イエロー）

まな　こうじゃなかったっけ？

左	真ん中	右
（グリーン）	（パープル）	（レッド）

【 説明 】

Ⓐまずここを読んでください。アインさんが状況を説明します。

Ⓑ子供たちが以前にあったことを一生懸命に思い出しています。

Ⓒアインさんが問題を出します。

Ⓓ真実を知っているアインさんが子供たちが思い出したことに対してコメントします。
　これをヒントにして真実を導き出してください。

Ⓔみんなが導き出した真実を書きこんでください。イラストのぬりえも楽しめます。

【 解き方 】

Ⓑの『みんなが思い出した色と順番』とⓄの『アインさんのコメント』がポイントになります。

❶この問題では、たくやくんに注目します。Ⓓでアインさんが「たくやくんが覚えていた車の
　色は、残念じゃが全部違っているのう」と言っています。そこでⒷのたくやくんのところを
　見て『レッドとオレンジとイエローの車は駐車場になかった』ことがわかります。

ここで問題じゃ。左ページの3人の言っていることと、それについてのわしのコメントをヒントにして、実際に駐車場に停めてあった車の色と正しい場所を推理してくれい。たくやくんが覚えていた車が大きなヒントになるぞい。よ～く考えれば、必ず真実にたどり着くはずじゃ!!

Ⓒ

ひろとくんが覚えていた車の色は、2台あっているぞ。しかも、2台とも場所まであっているぞい。

ひろと

たくやくんが覚えていた車の色は、残念じゃが全部違っているのう。

たくや

まなちゃんが覚えていた車の色は、1台だけあっているぞい。ただ、その車も場所は違っているようじゃ。

まな

Ⓓ

答え カッコの中に色の名前を書いたら、その色でぬりえをしよう!

左	真ん中	右
(　　　)	(　　　)	(　　　)

Ⓔ

❷次にひろとくんに注目します。Ⓓでアインさんが「ひろとくんが覚えていた車の色は、2台あっているぞ。しかも、2台とも場所まであっているぞい」と言っています。たくやくんのところでレッドの車は駐車場になかったことがわかっているので、ひろとくんの記憶であっているのはピンクとブルーの2台ということがわかります。さらに、2台とも場所もあっているので、左はピンクの車、右はブルーの車となります。

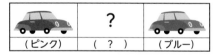

(ピンク)	(　?　)	(ブルー)

❸まだわかっていない真ん中に駐車していた車を探すため、まなちゃんに注目します。まなちゃんの記憶にあるレッドの車は違うことがわかっていますから、グリーンかパープルどちらかの車が正解になります。Ⓓでアインさんが「まなちゃんが覚えていた車の色は、1台だけあっているぞい。ただ、その車も場所は違っているようじゃな」と言っています。場所が違っているわけですから、真ん中にあるパープルの車は違うことになります。よって、真ん中に駐車されていたのはグリーンの車ということがわかります。

(ピンク)	(グリーン)	(ブルー)

さっき、ひろとくん、ゆいちゃん、たくやくんがわしの研究室に来たんじゃ。研究室のわしの机の上には色のついた3つの箱が置いてあったんじゃが、3人は気がついたかの？　3人に箱の色と並び方を覚えているか聞いてみるぞい。

ひろと

これで間違いないと思うけど。

左	真ん中	右
（イエロー）	（レッド）	（オレンジ）

ゆい

自信ないけどこんな感じだったかな。

左	真ん中	右
（レッド）	（ピンク）	（ブルー）

たくや

た・し・か、こんなだったような……。

左	真ん中	右
（グリーン）	（オレンジ）	（イエロー）

問題

ここで問題じゃ。左ページの3人の言っていることと、それについてのわしのコメントをヒントにして、実際に研究所の机の上にあった箱の色と正しい並び方を推理してくれい。ひろとくんが覚えていた箱が大きなヒントになりそうじゃぞ。よ～く考えれば、必ず真実にたどり着くはずじゃ!!

ひろとくんが覚えていた箱の色は、残念ながらすべて違っているのう。

ひろと

おお、ゆいちゃんが覚えていた箱の色は2つあっているぞい。しかも、2つとも場所もあっているようじゃ。

ゆい

たくやくんが覚えていた箱の色は1つだけ正解じゃ。そして、その箱は場所もあっているぞい。

たくや

答え　カッコの中に色の名前を書いたら、その色でぬりえをしよう！

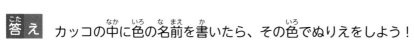

左	真ん中	右
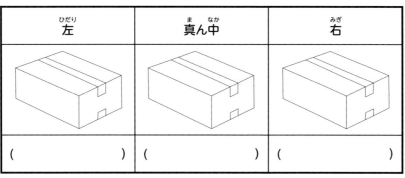		
(　　　　　　)	(　　　　　　)	(　　　　　　)

先週、まなちゃん、ひろとくん、ゆいちゃんの3人が、みんなでわしの家に来たんじゃ。庭には小さな花壇があって、3つの花が咲いておるんじゃが、しばらくそれをみんなで眺めたんじゃよ。ただ、先週のことじゃから花の色と並び方を覚えているかのう？

まな

こんな並び方じゃなかったっけ？

左	真ん中	右
（イエロー）	（レッド）	（オレンジ）

ひろと

う〜ん……こんなだったかな？

左	真ん中	右
（グリーン）	（ピンク）	（レッド）

ゆい

きっとこうだよ!!

左	真ん中	右
（ピンク）	（イエロー）	（ブルー）

ここで問題じゃ。左ページの3人の言っていることと、それについてのわしのコメントをヒントにして、実際にわしの庭の花壇にあった花の色と正しい並び方を推理してくれい。まなちゃんが覚えていた花が大きなヒントになりそうじゃの。よ〜く考えれば、必ず真実にたどり着くはずじゃ!!

問題

おっ!! まなちゃんが覚えていた花の色は3つとも正解じゃ。ただし、場所は3つとも違っているぞい。

まな

ひろとくんが覚えていた花の色は1つだけあっているようじゃ。さらに、その花は場所もあっているようじゃな。

ひろと

ゆいちゃんが覚えていた花の色も1つだけあっておるの。そして、その花は場所も正解じゃ。

ゆい

答え カッコの中に色の名前を書いたら、その色でぬりえをしよう!

左	真ん中	右
( )	( )	( )

謎 **3**

先月、たくやくん、まなちゃん、ひろとくんと公園に遊びに行ったんじゃよ。その公園の横に新しい家が3軒並んで建っておったんじゃが、3軒ともカラフルできれいな家じゃった。さて、3人は家の色と並び方を覚えているかの？

たくや

そうだな〜、こんなじゃなかったかな？

左	真ん中	右
（オレンジ）	（レッド）	（ピンク）

まな

よく覚えてないけど、こんなだったかな？

左	真ん中	右
（オレンジ）	（ブルー）	（イエロー）

ひろと

うん、たしかこんな感じだったと思うよ!!

左	真ん中	右
（グリーン）	（レッド）	（ブルー）

ここで問題じゃ。左ページの3人の言っていることと、それについてのわしのコメントをヒントにして、実際に公園の横に建っていた家の色と正しい並び方を推理してくれい。たくやくんが覚えていた家が大きなヒントになるじゃろうな。よ〜く考えれば、必ず真実にたどり着くはずじゃ!!

問題

たくやくんが覚えていた家の色は3つとも正解じゃ。
そのうち1つは場所もあっているぞい。

たくや

まなちゃんが覚えていた家の色は1つだけ正解じゃ。
ただし、その家の場所は違っているようじゃな。

まな

ひろとくんが覚えていた家の色も1つあっているぞい。
でも、家の場所はあっていないようじゃのう。

ひろと

答え カッコの中に色の名前を書いたら、その色でぬりえをしよう!

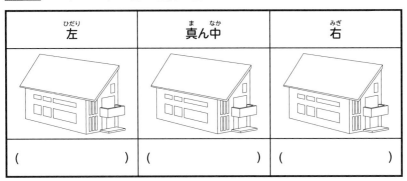

左	真ん中	右
(　　　　　)	(　　　　　)	(　　　　　)

今朝、ゆいちゃん、ひろとくん、たくやくん、まなちゃんの4人が文房具屋に行ったそうじゃ。お店には新しいノートが3種類あって、どれもカラーの表紙できれいだったそうじゃ。わしもさっき、文房具屋に行ったついでにノートを見てきたんじゃが、みんなはノートの色と並び方を覚えているかの？

ゆい

こうだった
はずだわ!!

左	真ん中	右
NOTE	NOTE	NOTE
（ブルー）	（グリーン）	（ピンク）

ひろと

こんな色じゃ
なかったっけ？

左	真ん中	右
NOTE	NOTE	NOTE
（イエロー）	（オレンジ）	（レッド）

たくや

並び方は
こうだったと
思うよ。

左	真ん中	右
NOTE	NOTE	NOTE
（オレンジ）	（ピンク）	（ブルー）

まな

こうかな？
えっ、
違うかな〜？

左	真ん中	右
NOTE	NOTE	NOTE
（ブルー）	（グリーン）	（レッド）

ここで問題じゃ。左ページの4人の言っていることと、それについてのわしのコメントをヒントにして、実際に文房具屋にあったノートの色と正しい並び方を推理してくれい。はじめに、ゆいちゃんとまなちゃんが覚えていたノートの色や場所を考えてみるといいぞい!!

問題

ゆいちゃんが覚えていたノートの色は2つあっているぞい。
しかも、2つとも場所も正解じゃ。

ゆい

ひろとくんが覚えていたノートの色は1つ正解じゃ。
ただし、そのノートの場所は違っているぞい。

ひろと

たくやくんが覚えていたノートの色は1つだけあっているぞい。
しかし、そのノートの場所は違うようじゃな。

たくや

まなちゃんが覚えていたノートの色は2つ正解じゃ。
しかも、その2つは場所もあっているぞい。

まな

答え カッコの中に色の名前を書いたら、その色でぬりえをしよう!

左	真ん中	右
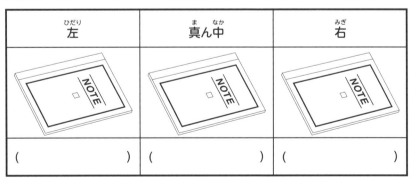		
( )	( )	( )

謎 5

ひろとくん、たくやくん、まなちゃん、ゆいちゃん、今日はわしの研究室での勉強会、お疲れじゃったの。さて、さっきまでわしの机の上にキャンディが3つ置いてあったのをみんな覚えているかの？　それぞれ違う色のキャンディだったんじゃが、どんな色のキャンディがどう並んでいたか覚えているかな？

ひろと

え〜と、こうだったような気がするけど。

左	真ん中	右
（イエロー）	（グリーン）	（ピンク）

たくや

そうだな〜、こうかな？

左	真ん中	右
（グリーン）	（ピンク）	（レッド）

まな

う〜ん、こうよ、きっと!!

左	真ん中	右
（ピンク）	（ブルー）	（グリーン）

ゆい

こんなふうに並んでいた気がするわ。

左	真ん中	右
（ピンク）	（レッド）	（グリーン）

問 題

ここで問題じゃ。左ページの4人の言っていることと、それについてのわしのコメントをヒントにして、実際にわしの机の上にあったキャンディの色と正しい並び方を推理してくれい。色と場所の両方ともあっている人はいないようじゃ。なら、グリーンやピンクのキャンディはあったのかな……?

ひろとくんが覚えていたキャンディの色は1つ正解じゃ。でも、場所は違っているぞい。

ひろと

たくやくんが覚えていたキャンディの色は1つだけあっているぞ。しかし、そのキャンディの場所は違うようじゃな。

たくや

まなちゃんが覚えていたキャンディの色も1つだけ正解じゃ。でも、やはり場所は違っているのう。

まな

ゆいちゃんが覚えていたキャンディの色も正解は1つだけじゃ。これもまた、場所は違っているぞい。

ゆい

答 え カッコの中に色の名前を書いたら、その色でぬりえをしよう!

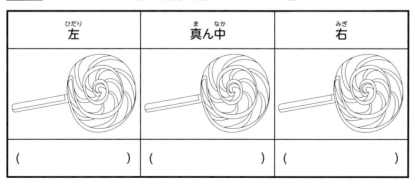

左	真ん中	右
( )	( )	( )

【解答の＜ヒントの順番例＞の見方】

＜ヒントの順番例＞の順にヒントを使うと、答えを導き出すことができます。

【①＆②】と表記されているものは、ヒント①とヒント②をいっしょに考えてください。

『問題文』と書かれているものは、問題文をヒントとして使うことを表しています。

Answer かいとう

<ヒントの順番例>
①②③④⑤問題文

答え
【やまとくん】

1	左	真ん中	右
名前	しゅん	たいが	やまと
好きな動物	キリン	パンダ	ライオン
靴の色	青	黒	緑

<ヒントの順番例>
①②⑤③④問題文

答え
【くるみちゃん】

2	左	真ん中	右
名前	くるみ	らら	まお
好きな虫	トンボ	バッタ	セミ
リボンの色	赤	紫	白

<ヒントの順番例>
④①②⑤③⑥問題文

答え
【つばさくん】

3	左	真ん中	右
名前	だいき	こうが	つばさ
好きな花	さくら	うめ	もも
身長	110cm	130cm	120cm

<ヒントの順番例>
②③①④問題文

答え
【ともみちゃん】

4	左	真ん中	右
名前	ゆりや	しずか	ともみ
好きな地図記号	✕(交番)	Y(消防署)	(図書館)
テストの点数	90点	80点	100点

Answer かいとう

<ヒントの順番例>
①②③④問題文

答え
【しょうくん】

5	左	真ん中	右
名前	しょう	りきや	かいと
住んでいる所	沖縄県	東京都	鹿児島県
飼っている犬	パグ	チワワ	シーズー

<ヒントの順番例>
【①&②】③⑥④⑤

答え
【るいちゃん】

6	左	真ん中	右
名前	るい	みれい	まき
好きな地図記号	∨(畑)	⌇(温泉)	⚓(漁港)
クラス 1-3	2組	3組	1組

＜ヒントの順番例＞ じゅんばんれい

【①＆②】④③⑤

答え こた

【たくみくん】

7	左 ひだり	真ん中 まなか	右 みぎ
名前 なまえ	れい	たくみ	さとし
好きな体操競技 す たいそうきょうぎ	縄跳び なわとび	とび箱 ばこ	鉄棒 てつぼう
服の色 ふく いろ	白 しろ	緑 みどり	赤 あか

＜ヒントの順番例＞ じゅんばんれい

【①＆②】③⑤④問題文 もんだいぶん

答え こた

【れおなちゃん】

8	左 ひだり	真ん中 まなか	右 みぎ
名前 なまえ	ゆま	はな	れおな
好きなお寿司 す すし	まぐろ	いくら	えび
やりたい武道 ぶどう	柔道 じゅうどう	剣道 けんどう	弓道 きゅうどう

Answer かいとう

<ヒントの順番例>
【①&②】④⑤③問題文

答え
【けんじくん】

9	左 ひだり	真ん中 まなか	右 みぎ
名前 なまえ	けんじ	かおる	もとお
好きな泳ぎ方 すきなおよぎかた	犬かき いぬ	平泳ぎ ひらおよ	背泳ぎ せおよ
靴のサイズ くつ	22cm	24cm	20cm

<ヒントの順番例>
②④【①&⑥】③⑤⑦

答え
【めぐちゃん】

10	左 ひだり	―	―	右 みぎ
名前 なまえ	さとみ	めぐ	ゆき	あい
好きな鉛筆 すきなえんぴつ	2B	HB	F	4B
描きたい風景 えがきたいふうけい	夏の海 なつ うみ	秋の山 あき やま	冬の公園 ふゆ こうえん	春の川原 はる かわら

＜ヒントの順番例＞　　　　　　　　　　　　　　　　　　　答え
①②③⑤⑥④　　　　　　　　　　　　　　　　　　　　　【カバ】

11	左（ひだり）	―	―	右（みぎ）
名前（なまえ）	よしと	かずゆき	みつお	はるお
好きな和菓子（すきなわがし）	だんご	おはぎ	かしわもち	まんじゅう
作った（つくった） 粘土細工（ねんどざいく） ねんど	イヌ	ゾウ	カバ	ウサギ

＜ヒントの順番例＞　　　　　　　　　　　　　　　　　　　答え
②④⑥⑦③⑤①　　　　　　　　　　　　　　　　　　　　【黄（き）】

12	左（ひだり）	―	―	右（みぎ）
名前（なまえ）	さやか	ゆり	わかな	みく
好きな絵の具の色（すきなえのぐのいろ）	白（しろ）	青（あお）	黄（き）	緑（みどり）
描きたい人物（えがきたいじんぶつ）	赤ちゃん（あかちゃん）	お母さん（おかあさん）	友達（ともだち）	兄弟（きょうだい）

Answer かいとう

＜ヒントの順番例＞
③⑤【①&⑥&②&④】問題文

答え
【100 円】

13	高い 左	—	—	安い 右
名前	まるお	ゆうと	くらのすけ	さとし
買った文房具	手帳	定規	分度器	鉛筆削り
文房具の値段	300 円	200 円	150 円	100 円

＜ヒントの順番例＞
【②&④&⑥&⑤】③①問題文

答え
【グラス】

14	高い 左	—	—	安い 右
名前	かりな	すみれ	あすか	いりあ
買った食器	グラス	ナイフ	スプーン	フォーク
食器の値段	1000 円	500 円	300 円	200 円

＜ヒントの順番例＞
【②＆④＆⑥＆⑤】③①問題文　　　　　　答え【スパイク】

15	高い 左	－	－	安い 右
名前	こうた	じろう	ひろし	わたる
欲しい 野球用品	ミット	バット	スパイク	ユニフォーム
野球用品の 値段	8000円	6000円	4000円	3000円

＜ヒントの順番例＞
③⑤②④⑥①問題文　　　　　　答え【まおみちゃん】

16	左	－	－	右
名前	まおみ	ゆうこ	けい	めい
好きな星	火星	金星	土星	木星
食べたおやつ	プリン	エクレア	ケーキ	ババロア

<ヒントの順番例>
②④⑥③①⑤問題文

答え
【きたろうくん】

17	左 ひだり	―	―	右 みぎ
名前 な まえ	きたろう	しんのすけ	るい	てつや
好きな す 実験器具 じっけん き ぐ	ビーカー	スポイト	フラスコ	ピペット
起きる時間 お じ かん	7時半 じ はん	6時 じ	6時半 じ はん	7時 じ

<ヒントの順番例>
②④⑤①⑥③問題文

答え
【やよいちゃん】

18	左 ひだり	―	―	右 みぎ
名前 な まえ	もな	かよ	やよい	なおみ
好きな天気 す てん き	霧 きり	雪 ゆき	快晴 かいせい	薄曇り うすぐも
食べた た フルーツ	メロン	リンゴ	バナナ	ブドウ

<ヒントの順番例>
②⑤⑧①④⑨③【⑥&⑦】

答え
【けんたくん】

19	左	―	真ん中	―	右
名前	けんた	いちろう	らいと	みきお	なおゆき
好きな漢字	『遊』	『学』	『友』	『絆』	『福』
乗りたい車	タクシー	バス	トラック	パトカー	ミニバン

<ヒントの順番例>
②⑤【⑦&⑧】③①④⑥⑨

答え
【グリーン】

20	左	―	真ん中	―	右
名前	りか	よしえ	るみ	かおり	まい
好きな季語	『蛙』	『霜』	『祭』	『稲』	『飾』
財布の色	シルバー	ブラック	ゴールド	グリーン	イエロー

Answer かいとう

<ヒントの順番例>
③⑥①②⑧④⑦⑤問題文

答え
【さぶろうくん】

21	左 ひだり	―	真ん中 まなか	―	右 みぎ
名前 なまえ	ようじ	はるひこ	のぶなが	あきお	さぶろう
好きな す 四字熟語 よじじゅくご	『花鳥風月』 かちょうふうげつ	『温故知新』 おんこちしん	『不言実行』 ふげんじっこう	『以心伝心』 いしんでんしん	『大願成就』 たいがんじょうじゅ
欲しい家電 ほ かでん	テレビ	ラジオ	ドライヤー	エアコン	ビデオ

<ヒントの順番例>
【②＆⑤】⑦③⑥①⑧④

答え
【ポークカレー】

22	左 ひだり	―	真ん中 まなか	―	右 みぎ
名前 なまえ	さくら	あつこ	なお	ゆい	かおる
好きなカレー す	スープカレー	ポークカレー	チキンカレー	ドライカレー	ビーフカレー
詳しい時代 くわ じだい	昭和時代 しょうわじだい	鎌倉時代 かまくらじだい	縄文時代 じょうもんじだい	室町時代 むろまちじだい	弥生時代 やよいじだい

<ヒントの順番例>
【⑤&⑧】⑥②③⑦④①問題文

答え
【ひさとくん】

23	左（ひだり）	―	真ん中（まなか）	―	右（みぎ）
名前（なまえ）	とおる	ひさと	まもる	だいち	へいじ
好きな（す）ラーメンの具（ぐ）	タマゴ	メンマ	ノリ	コーン	チャーシュー
詳しい（くわ）戦国武将（せんごくぶしょう）	徳川家康（とくがわいえやす）	豊臣秀吉（とよとみひでよし）	伊達政宗（だてまさむね）	武田信玄（たけだしんげん）	織田信長（おだのぶなが）

<ヒントの順番例>
【②&⑤】【③&⑦】①④⑥⑧問題文

答え
【みきちゃん】

24	左（ひだり）	―	真ん中（まなか）	―	右（みぎ）
名前（なまえ）	きこ	みき	あや	さき	ぼたん
好きな（す）すきやきの具（ぐ）	ねぎ	しらたき	春菊（しゅんぎく）	牛肉（ぎゅうにく）	豆腐（とうふ）
詳しい外国（くわ）（がいこく）	フランス	ブラジル	カメルーン	メキシコ	ベトナム

<ヒントの順番例>
③⑦⑩④②⑧⑤⑨①⑪⑥

答え
【青】

25	左	ー	真ん中	ー	右
名前	くるす	れお	ふゆと	らんまる	まさき
好きな楽器	ドラム	ベース	エレクトーン	ピッコロ	ハープ
食べたおでん	ちくわ	はんぺん	じゃがいも	こんにゃく	だいこん
家の色	赤	白	緑	青	黄

<ヒントの順番例>
【④&⑦&⑨】⑤⑩⑥②⑧①⑪③

答え
【♯(シャープ)】

26	左	ー	真ん中	ー	右
名前	まりこ	ゆみか	じゅりな	みさき	きくえ
好きな音楽記号	♯(シャープ)	ƒ(フォルテ)	♭(フラット)	♮(ナチュラル)	℘(ピアノ)
飼いたいペット	うさぎ	りす	ねこ	いぬ	かめ
帽子の色	ピンク	ブルー	レッド	オレンジ	ホワイト

<ヒントの順番例>

②⑤⑦③【⑩＆⑪】⑥【⑧＆④】①⑨

答え
【ドボルザーク】

27	左 ひだり	―	真ん中 まなか	―	右 みぎ
名前 なまえ	けんや	まさと	こうじ	りゅう	じょうじ
好きな和楽器 すきなわがっき	琵琶 びわ	鼓 つづみ	横笛 よこぶえ	笙 しょう	胡弓 こきゅう
尊敬する音楽家 そんけいするおんがくか	ドビュッシー	ウェーバー	ドボルザーク	ビバルディ	ラベル
よく食べる丼 よくたべるどん	うな丼 どん	かつ丼 どん	鉄火丼 てっかどん	親子丼 おやこどん	天丼 てんどん

<ヒントの順番例>

⑥【③＆⑦】②④⑩【⑤＆⑧＆⑨＆①＆⑪】

答え
【はくさい】

28	高い たか 左 ひだり	―	真ん中 まなか	―	安い やす 右 みぎ
名前 なまえ	そら	はつね	あんじゅ	りんか	えりか
好きな乗り物 すきなのりもの	ボート	ヘリコプター	カヌー	ヨット	ロケット
買った野菜 かったやさい	しいたけ	はくさい	なす	にんじん	かぼちゃ
野菜の値段 やさいのねだん	1000円 えん	500円 えん	250円 えん	200円 えん	100円 えん

Answer かいとう

＜ヒントの順番例＞

【②＆⑥＆⑧＆③＆⑨】④①⑦⑤⑩問題文

答え

【きよしくん】

29	高い 左	―	真ん中	―	安い 右
名前	きよし	むつと	まさはる	じゅん	せいや
12星座	おとめ座	かに座	いて座	うお座	しし座
買った文房具	コンパス	クリップ	ノート	ファイル	ボールペン
文房具の値段	1500円	1200円	600円	300円	200円

＜ヒントの順番例＞

【③＆⑥＆⑨＆④＆⑧】①⑦②⑩⑤⑪

答え

【のりかちゃん】

30	高い 左	―	真ん中	―	安い 右
名前	さら	えり	りおな	くう	のりか
好きな飲み物	ジュース	スープ	コーラ	サイダー	ココア
買ったボール	サッカーボール	ラグビーボール	ソフトボール	ゴルフボール	テニスボール
ボールの値段	3600円	3000円	600円	200円	100円

<ヒントの順番例>
じゅんばんれい
③⑥⑨【④＆⑩】⑫②⑦①⑪⑤⑧

答え
こた
【『雪国』】
ゆきぐに

31	左 ひだり	一	真ん中 まなか	一	右 みぎ
名前 なまえ	クリス	トム	マイケル	フランク	アダム
好きな偏 す へん 話	氵（さんずい）	扌（てへん）	糸（いとへん）	訁（ごんべん）	イ（にんべん）
読んだ よ 日本文学 にほんぶんがく	『舞姫』 まいひめ	『武蔵野』 むさしの	『鼻』 はな	『走れメロス』 はし	『雪国』 ゆきぐに
しおりの色 いろ	紫 むらさき	紺 こん	白 しろ	黄 き	緑 みどり

<ヒントの順番例>
じゅんばんれい
【⑥＆③＆④＆⑤】⑧⑦②⑨⑩①問題文 もんだいぶん

答え
こた
【ゴールド】

32	左 ひだり	一	真ん中 まなか	一	右 みぎ
名前 なまえ	リサ	マリア	ナンシー	カレン	ベティ
好きな冠 す かんむり 草	山（やまかんむり）	雨（あめかんむり）	艹（くさかんむり）	穴（あなかんむり）	宀（うかんむり）
読んだ よ 日本文学 にほんぶんがく	『細雪』 ささめゆき	『金色夜叉』 こんじきやしゃ	『たけくらべ』	『浮雲』 うきぐも	『野菊の墓』 のぎくはか
鞄の色 かばん いろ	ゴールド	パープル	イエロー	ピンク	シルバー

Answer

クイズ① 生き物ナンバー1はだれだ?

問題 **014** ページ

問題① 【花】　　　C. 90cm

問題② 【魚】　　　B. 時速110km

問題③ 【ほ乳類】　A. 約34m

問題④ 【鳥】　　　C. 時速380km

クイズ② 真ん中はどこ?

問題 **022** ページ

問題①　栃木

問題②　岐阜

問題③　奈良

問題④　熊本

クイズ③ 虫食い算

問題 **046** ページ

A $3 + 2 = 5$

B $6 - 4 = 2$

C $9 + 11 + 2 = 22$

D $8 - 5 + 5 = 8$

E
$$
\begin{array}{r}
174 \\
+\ \ \ 68 \\
\hline
=242
\end{array}
$$

F
$$
\begin{array}{r}
293 \\
-\ \ \ 34 \\
\hline
=259
\end{array}
$$

G
$$
\begin{array}{r}
3934 \\
+\ \ 996 \\
\hline
=4930
\end{array}
$$

H
$$
\begin{array}{r}
5821 \\
-3823 \\
\hline
=1998
\end{array}
$$

I
$$
\begin{array}{r}
11112 \\
+\ 22232 \\
+\ 33533 \\
+\ 47444 \\
+\ 95555 \\
\hline
=209876
\end{array}
$$

クイズ④ おもしろ漢字 問題 062 ページ

問題①

海豚	海豹	海馬	土竜	河馬	海象

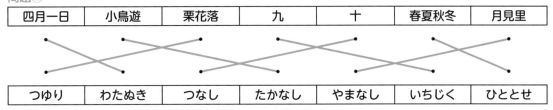

かば	いるか	あざらし	せいうち	もぐら	とど

問題②

四月一日	小鳥遊	栗花落	九	十	春夏秋冬	月見里

つゆり	わたぬき	つなし	たかなし	やまなし	いちじく	ひととせ

クイズ⑤ どこの国旗? 問題 070 ページ

問題①

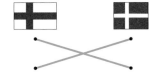
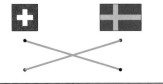

デンマーク	フィンランド	スウェーデン	スイス	ジョージア

問題②

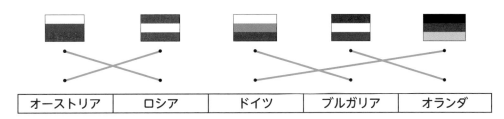

オーストリア	ロシア	ドイツ	ブルガリア	オランダ

問題③

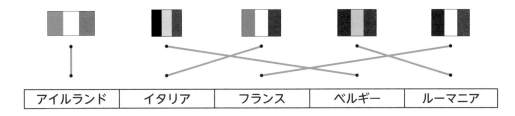

アイルランド	イタリア	フランス	ベルギー	ルーマニア

Answer ミニ問題解答 かいとう

クイズ⑥　全部でいくつ？　問題 086 ページ

1個〜100個並んだキャンディに、逆の100個〜1個の順番で並んだキャンディを加えると
101個のキャンディが100並ぶことになるじゃろ。
つまりキャンディの合計は、101個×100＝10100個になるわけじゃ。
しかし、このままだとキャンディの数は2倍になるので
10100個÷2＝5050個が正解となるんじゃ。

1個〜1000個並んだキャンディに、逆の1000個〜1個の順番で並んだキャンディを加えると
1001個のキャンディが1000並ぶことになるじゃろ。
つまりキャンディの合計は、1001個×1000＝1001000個になるわけじゃ。
しかし、このままだとキャンディの数は2倍になるので
1001000個÷2＝500500個が正解となるんじゃ。

1〜10までを足すと55、1〜100までを足すと5050、
1〜1000までを足すと500500。
何か法則が隠れているようじゃな。その解明はいずれやるので楽しみにしておってくれい!!

クイズ⑦　七福神　問題 092 ページ

問題①　①恵比寿
解説　純粋な日本の神様は恵比寿だけなんじゃ。大黒天、毘沙門天、弁財天は元はインドの神様、
布袋、福禄寿、寿老人は元は中国の神様と言われているんじゃよ。

問題②　⑥弁財天
解説　イラストのとおり、弁財天だけが女性の神様なんじゃ。

問題③

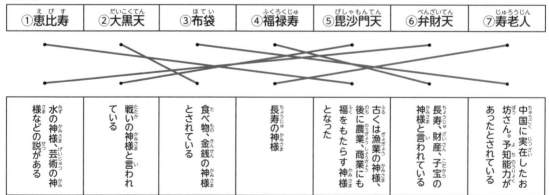

①恵比寿	②大黒天	③布袋	④福禄寿	⑤毘沙門天	⑥弁財天	⑦寿老人
水の神様、芸術の神様などの説がある	戦いの神様と言われている	食べ物・金銭の神様とされている	長寿の神様	古くは漁業の神様、後に農業・商業にも福をもたらす神様となった	長寿・財産・子宝の神様と言われている	中国に実在したお坊さん。予知能力があったとされている

126

名探偵アインに挑戦

問題 096 ページ〜105 ページ

答え

左	真ん中	右

（グリーン）	（ピンク）	（ブルー）

答え

左	真ん中	右
（オレンジ）	（イエロー）	（レッド）

答え

左	真ん中	右
（レッド）	（オレンジ）	（ピンク）

答え

左	真ん中	右

（ブルー）	（グリーン）	（イエロー）

答え

左	真ん中	右
（レッド）	（イエロー）	（ブルー）

Staff

【構　成】
空伝妥模四

【装丁・本文デザイン・イラスト】
渡川光二

【イラスト】
竜宮ツカサ

【Special Thanks】
シモダユウスケ　タカハシ ヨウ　古都枝茂子

※本書は 2012 年に刊行された『集中力が高まる！ アインシュタイン
式 子供の論理脳ドリル』（東邦出版）を、新装版として再刊行したも
のです。

**新装版　集中力が高まる！ アインシュタイン式
子どもの論理脳ドリル**

2021 年 5 月 25 日　初版第 1 刷発行

編　者　　アインシュタイン研究会
発行者　　岩野裕一
発行所　　株式会社 実業之日本社
　　　　　〒 107-0062
　　　　　東京都港区南青山 5-4-30
　　　　　CoSTUME NATIONAL Aoyama Complex 2F
　　　　　電話 03-6809-0495 （編集／販売）
　　　　　https://www.j-n.co.jp/

印刷・製本　　大日本印刷株式会社
©Einstein kenkyukai 2021 Printed in Japan
ISBN978-4-408-42103-2 （書籍管理）